D0289398

Special thanks to Tatiana for providing the cover photo

This novel was first published in Spanish in 2015. The French version was first published in September, 2017. The main text of this novel contains 5800 words.

About French punctuation: https://www.thoughtco.com/how-to-use-french-punctuation-4086509

ISBN-13: 978-1976243899

ISBN-10: 1976243890

About this book

Easy reading is the most effective way to build vocabulary and develop fluency in a second language. The earlier that students start supplementing their class time with easy reading, the quicker they acquire their second language. Linguist Stephen Krashen summarizes decades of academic research on reading when he wrote, "those who read more... read better and faster, write better, have better vocabularies, more grammatical competence and suffer less from writer´s block". This should be common sense: students need lots of compelling, comprehensible texts to support a comprehensible input classroom.

This book was originally conceived in collaboration with my level 1 classes in the 2013-14 school year. This amusing text was compelling to the fourteen year olds who created it. In class we focus on high-frequency vocabulary, not thematic units, so my students are capable of reading this book independently (with low-frequency terms defined in footnotes) by second semester. Other teachers report that, in order to make sure that the reading experience is easy and fun, they teach it as a whole class novel using techniques like Reader´s Theater to bring the text to life. Still other teachers have told me that they save reading this novel until level 2 so that students will have the language background to enjoy the text on their own. There is no single "correct" way to read this book. My own approach combines elements of whole class reading with independent reading to encourage students to read at their own pace, while maintaining some accountability so that I can swoop in to help struggling readers. You can read about my approach on my blog: https://mrpeto.wordpress.com/2016/03/12/how-i-melded-ssr-with-whole-class-reading-to-encourage-independent-reading-with-accountability/

At the end of each chapter there are word clouds. I have several suggestions for using these word clouds. As a teacher I like to project these word clouds against a white board a day or two after students have read the chapter. I proceed to summarize the chapter, pointing at the words and pausing to give students time to process. I am quick to write the English meaning on the board while my speech stays in the target language: the idea is to provide a crutch so that class conversation remains both comprehensible and in the target language.

These word clouds can also be used to facilitate paired student oral retells soon after reading. While I strongly prefer teacher-directed summaries in order to minimize hearing incorrect output in the classroom, short student to student conversations can build confidence.

An alternative to paired student oral output is a whole class *Write and Discuss* activity. In a W&D activity the teacher writes the first word of a sentence on the board to prompt student responses. Students look at the word cloud in their book and, as they call out possible sentences, the teacher chooses one and writes it making necessary corrections on the board. I typically then add an appropriate transition word so that students in level 1 are exposed to complex sentence structure. After a few minutes we will have a complete paragraph written on the board, prompted by student input but written correctly by the teacher. We may chorally translate the paragraph to make sure everyone understands the text, or I may have students copy the text in their notebooks and translate at home (which, in fact, is simply another excuse to get them to reread the text). When parents ask me how their child can best review for the mandatory final exam that our district requires, I always tell them to have their child reread all of the texts copied into their notebook.

Just as writing the original narrative was a team project, this translation could not have come together without the hard work of several excellent teachers. I want to express an enormous debt of gratitude to Theresa Marrama of Madrid-Waddington High School in upstate New York who first stepped forward with the idea of translating the original Spanish language text of the novel Superburguesas. Eleanor Brown of Westborough High School in Massachusetts provided a close reading of the first draft, providing many comments that improved the flow and quality of the text. Steven Ordiano of Fresno Unified School District in Northern California read the second draft and helped polish the text. Finally Mélynda Atkins of Ventura Unified School District in California gave valuable feedback on the first edition which led to this second edition. We simply would not have this high-quality text without the gracious support of colleagues who are motivated by their desire to have more compelling, comprehensible readings available for their students of French. Thank you.

Superhamburgers

An easy to read novel for learners of French

Written and illustrated by Mike Peto with the inspiration of his level 1 classes during the 2013-2014 school year

French translation by Theresa Marrama with Eleanor Brown and Steven Ordiano

Chapitre Zéro

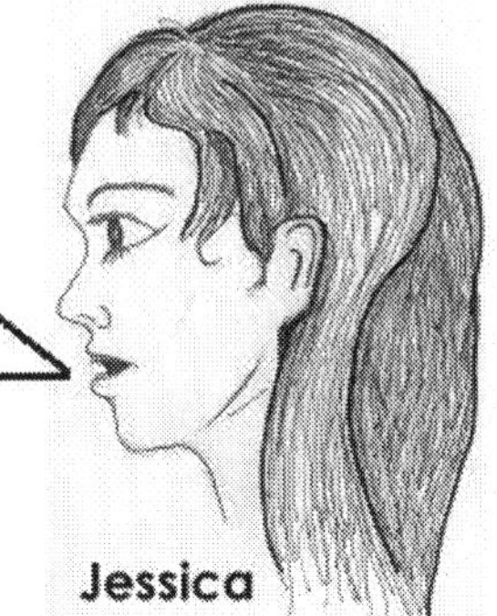

Rodney,

Tu es la fleur dans ma salade

*et la **licorne**[1] dans mes **rêves**[2].*

Je t'aime, JE T'AIME,

je t'aime pour toujours.

Gros bisous maintenant et

***quand je serai morte**[3]*

***je te donnerai**[4] des*

BISOUS FROIDS !

Jessica

---

[1] **licorne**: unicorn

[2] **rêves**: dreams

[3] **quand je serai morte**: when I am dead

[4] **je te donnerai**: I will give you

Voici une carte d'amour écrite pour Rodney, mais je ne vais pas lui donner la carte. C'est un amour secret. Personne ne sait que je suis **folle d'amour**[5] pour Rodney. Je **ferais n'importe quoi**[6] pour lui. Par exemple, je fais toujours ses devoirs. **Ne me juge pas**[7]... normalement je suis une fille très **raisonnable**[8] et intelligente. Cet amour **me rend bête**[9].

---

[5] **folle d'amour**: crazy in love
[6] **ferais n'importe quoi**: I would do anything
[7] **ne me juge pas**: don't judge me
[8] **raisonnable**: sensible, level-headed
[9] **me rend bête**: makes me foolish

Chapitre un

Je ne me lave jamais les mains quand je travaille à Superhamburgers, le restaurant d'hamburgers que personne n'aime. Personne n'aime le restaurant parce que je suis un mauvais **employé**[10] avec les mains **sales**[11]. Ha, ha, ha. Mais **je l'aime comme ça**[12]. Je peux faire mes devoirs si personne ne vient au restaurant. Un restaurant **vide**[13] est un bon **endroit**[14] pour faire ses devoirs.

---

[10] **employé**: employee
[11] **sales**: dirty
[12] **je l'aime comme ça**: I like it like that
[13] **vide**: empty
[14] **endroit**: place

Un jour, je fais mes devoirs pour la classe de chimie quand Bobby Snickerdale et son 'amie spéciale', Fifi Marzo, entrent dans le restaurant.

Fifi n'est pas la petite amie de Bobby, mais elle veut être sa petite amie. Personne n'est au restaurant. Je les regarde surpris.

« Alors, ils ne savent pas ? Je me demande.

— C'est un endroit parfait, dit Bobby, Nous pouvons parler ici et personne ne va nous voir. C'est un endroit secret.

— Bienvenue à Superhamburgers » je leur dis.

Je ne souris pas[15]. Je veux **qu'ils sachent**[16] qu'ils ne sont pas bienvenus. Je ne les regarde pas non plus; je regarde toujours au mur quand je parle. Je pense que j'ai besoin de **leur enseigner**[17] une leçon **pour qu'ils ne reviennent jamais**[18], mais je ne dis rien.

---

[15] **je ne souris pas:** I do not smile
[16] **qu'ils sachent:** that they know *(I want them to know)*
[17] **leur enseigner:** to teach them
[18] **pour qu'ils ne reviennent jamais:** so that they never come back

Bobby regarde le menu et me demande, « quelle est la différence entre un hamburger et un superhamburger ? »

Quel idiot!

Je le regarde pendant une minute **sans rien lui dire**[19].

« Un superhamburger a de la sauce secrète. Un hamburger n'en a pas, c'est normal et **barbant**[20]. »

Bobby et Fifi décident de prendre deux superhamburgers avec des frites et deux cocas. Je leur donne un papier avec le numéro 398. C'est drôle parce qu'il n'y a pas d'autres numéros. Nous avons seulement des papiers avec le numéro 398.

---

[19] **sans rien lui dire:** without saying anything to him
[20] **barbant**: boring

« Attendez **jusqu'à ce que j'appelle**[21] le numéro » je leur dis sans sourire.

Bobby et Fifi n'aiment pas me parler. Quand ils vont à leur table, Fifi dit à Bobby : « Il y a des gens qui sont toujours **fâchés**[22] avec la vie. Je ne les comprends pas. »

Je veux crier, « Fifi, je veux faire mes devoirs en silence. Va à Carl's Jr ou à Wendy's ou à n'importe quel autre restaurant, mais **laisse-moi**[23] tranquille ! »

Avant de manger ils vont aux toilettes pour se laver les mains. Fifi va aux toilettes des filles et Bobby va aux toilettes des garçons. Je vais aux toilettes aussi.

Aux toilettes Bobby me voit ; moi, le mauvais employé. Je sors du **cabinet des**

---

[21] **jusqu'à ce que j'appelle:** until I call
[22] **fâchés**: angry
[23] **laisse-moi:** leave me

toilettes[24] mais je ne me lave pas les mains. Bobby me regarde et je sais à quoi il pense. « IL NE SE LAVE PAS LES MAINS ! C'est **dégoûtant**[25] ! »

Bobby revient à la table. Il a les mains **propres**[26], mais il pense à mes mains **sales**[27]. Je veux qu'ils partent, mais Bobby ne dit rien à Fifi.

Après **quelques minutes**[28] je crie, « Trois cent quatre-vingt-dix-huit. »

« TROIS CENT QUATRE-VINGT-DIX-HUIT ! »

---

[24] **cabinet des toilettes**: bathroom stall
[25] **dégoûtant** : disgusting
[26] **propres**: clean
[27] **sales**: dirty
[28] **quelques minutes**: a couple of minutes

Je sais à quoi il pense.

Bobby vient prendre **la nourriture**[29]. Moi, le mauvais employé, la lui donne, et quand Bobby prend la nourriture je lui donne aussi un sourire. C'est un sourire diabolique. Je lui dis, « J'espère que tu aimes la sauce secrète… ha ha ha ».

Au lieu de manger[30], Bobby donne sa nourriture à Fifi. Fifi mange deux superhamburgers **sales**[31] et deux frites. **Avant**

[29] **la nourriture**: the food
[30] **au lieu de manger:** instead of eating
[31] **sales**: dirty

de sortir[32] du restaurant, Fifi court aux toilettes. Bobby l'attend dans la voiture.

Quand elle sort du restaurant, Fifi est pâle. Elle sourit **faiblement**[33] mais elle **ne se sent pas bien**[34].

Bobby la regarde et lui demande :

« Tu t'es lavé les mains ?

— Bien sûr ! Je me lave toujours les mains. »

Bobby **démarre**[35] la voiture pour partir mais Fifi crie, « Attends ! »

Fifi redescend de la voiture et court encore une fois aux toilettes du restaurant.

---

[32] **avant de sortir**: before leaving
[33] **faiblement**: weakly
[34] **ne se sent pas bien**: does not feel well
[35] **démarre**: starts up

Bobby **doit**[36] arrêter la voiture deux fois de plus **pour que Fifi fasse caca**[37] dans la forêt. Quand Fifi sort, Bobby **nettoie**[38] la voiture avec Purell.

« Fifi, dit Bobby, tu as un problème. Tu vas souvent aux toilettes. Je ne veux pas être petit ami d'une fille qui va toujours aux toilettes. Je regrette, mais **tu me dégoûtes**[39]. Au revoir ! »

Fifi veut parler à Bobby. Elle veut tout expliquer. Fifi veut expliquer, mais elle ne peut pas. Elle a besoin d'aller aux toilettes encore une fois. Elle court à sa maison **sans dire**[40] un mot à Bobby et Bobby part rapidement.

---

[36] **doit**: must

[37] **pour que Fifi fasse caca** : for Fifi to go to the bathroom, or literally "for Fifi to make pooh"

[38] **nettoie**: cleans

[39] **tu me dégoûtes** : you disgust me

[40] **sans dire:** without saying

Attends !
Fifi, tu as un problème

Personne ne va au restaurant Superhamburgers parce que tout le monde sait que le mauvais employé ne se lave pas les mains. Beaucoup de personnes vomissent, notre amie spéciale **inclue**[41].

Le **propriétaire**[42], monsieur Superhamburgers, **doit**[43] fermer le restaurant pour toujours parce que personne ne va acheter les hamburgers. Je **perds**[44] mon **emploi**[45], mais **ça m'est égal**[46]. Je n'ai **plus**[47] besoin d'emploi.

---

[41] **inclue**: included
[42] **propriétaire**: owner
[43] **doit**: must
[44] **Je perds**: I lose
[45] **emploi**: job
[46] **ça m'est égal:** it is all the same to me
[47] **plus**: no longer

endroit
barbant
lave
employé
court
pâle
sales
sourit
dégoûtant
vide
sauce
mains
travaille
parfait
devoirs
donne
personne
amie

propres
regarde
nourriture
leçon
nettoie
veut
mauvais
toilettes
problème
quatre-vingt-dix-huit
voiture
restaurant
enseigner
drôle

Chapitre Deux

J'ai rencontré Rodney dans la classe de **chimie**[48]. Pour lui je suis **presque**[49] invisible. Je suis sa **partenaire de laboratoire**[50], mais il ne sait pas mon nom. Mais aujourd'hui est différent. Aujourd'hui **il va me remarquer**[51].

C'est une classe d'AP, très difficile. Rodney est un bon étudiant qui **suit**[52]

---

48 **chimie**: chemistry
49 **presque**: almost
50 **partenaire de laboratoire**: lab partner
51 **il va me remarquer**: he is going to notice me
52 **suit**: takes (classes)

beaucoup de classes AP. Il a besoin de travailler pour payer tous les examens AP.

Il a besoin de mille dollars pour payer les examens (il y en a beaucoup). Les parents de beaucoup d'étudiants **paient**[53] les examens, mais les parents de Rodney ne les paient pas. Rodney est **le seul**[54] qui doit payer ses examens.

Les parents de Rodney disent qu'ils n'ont pas d'argent pour payer les examens. **Peut-être**[55] oui, peut-être non. **La vérité**[56] est que ses parents sont **obsédés**[57] par les **masques africains**[58] qu'ils utilisent aux célébrations du Carnaval. Une fois, ils sont allés en Afrique (à la République Démocratique du Congo) où ils

---

[53] **paient**: they pay
[54] **le seul**: the only one (student)
[55] **peut-être**: maybe
[56] **la vérité**: the truth
[57] **obsédés**: obsessed
[58] **masques africains**: African masks

ont trouvé un magasin de masques intéressants. Maintenant ils ont une grande collection de masques. Ils font beaucoup de voyages en Afrique et **dépensent**[59] tout leur argent en masques.

Un masque africain

Quelquefois[60] ses parents **passent**[61] des semaines en Afrique et Rodney est seul à la maison, sans adulte.

À cause de ça[62], Rodney travaille au restaurant de fast-food. Bon, il y **travaillait**[63], parce que le restaurant est fermé pour

---

59 **dépensent**: they spend (money)
60 **quelquefois**: sometimes
61 **passent**: they spend (time)
62 **à cause de ça**: for that reason
63 **travaillait**: used to work

toujours. **C'était**[64] le restaurant de mon père. **Ça m'est égal**[65], nous avons beaucoup d'argent, mais Rodney **n'en sait rien**[66]. Il ne sait pas que le **patron**[67] est mon père. Il ne sait pas que j'ai parlé avec mon père **pour que Rodney ait l'emploi**[68]. Il ne sait pas combien il m'intéresse.

Á Rodney, **ça ne lui fait rien**[69] que le restaurant soit fermé pour toujours. Il a seulement besoin de mille dollars et… il a mille dollars et trois **centimes**[70] à la banque. Il n'a pas besoin de **plus**[71] d'argent. Il croit qu'aujourd'hui est un jour parfait parce qu'il ne

---

[64] **c'était**: that was
[65] **ça m'est égal**: it does not matter to me
[66] **n'en sait rien**: does not know anything about that
[67] **patron**: boss
[68] **pour que Rodney ait l'emploi**: so that Rodney got the job
[69] **ça ne lui fait rien**: it does not mean a thing
[70] **centimes**: cents
[71] **plus**: more

doit pas travailler à Superhamburgers après les cours.

Aujourd'hui, oui, c'est un jour parfait. C'est le jour où je vais lui dire toute la vérité.

Il arrive en classe de **chimie**[72] **en pensant à**[73] la classe d'histoire. Son prof **lui a rendu**[74] une composition. La prof **lui a écrit**[75] un message spécial sur sa composition. Elle a écrit, « Tu es très intelligent. **Je veux que tu sois**[76] mon fils. » Rodney sourit parce que c'est vrai, il est un garçon très intelligent.

Mais la classe de chimie est beaucoup plus difficile et **il a toujours besoin**[77] de mon aide. Je comprends la chimie. Je fais mes

---

[72] **chimie**: chemistry
[73] **en pensant à**: thinking about
[74] **lui a rendu**: returned to him
[75] **lui a écrit**: wrote to him
[76] **je veux que tu sois**: I wish you were (literally, *I want you to be*)
[77] **il a toujours besoin**: he still needs

devoirs et plus tard je les explique à Rodney. Sans mon aide, Rodney ne peut pas obtenir de bonnes notes.

Rodney **s'assoit à côté de moi**.[78] Je **pleure**.[79] Bon, je ne pleure pas vraiment. Je **fais semblant de**[80] pleurer **afin qu'il me demande**[81] ce qui se passe.

« Qu'est-ce qui se passe ? me demande Rodney.

— Des problèmes à la maison, je lui dis.

— Je suis désolé. Nous allons

commencer le travail ? Nous avons besoin de le faire...

---

[78] **s'assoit à côté de moi**: sits down next to me
[79] **je pleure**: I cry
[80] **je fais semblant de**: I pretend to
[81] **afin qu'il me demande**: so that he asks me

Il croit qu'aujourd'hui est un jour parfait parce qu'il ne doit pas travailler à Superhamburgers après les classes.
Aujourd'hui, oui, c'est un jour parfait.
C'est le jour où je vais lui dire toute la vérité.

— Je suis désolé de ne pas pouvoir travailler aujourd'hui. Il y a des choses plus importantes.

Je pleure comme un bébé qui a perdu ses **sucettes Barnier**[82].

— Il y a quelque chose que je peux faire ? demande Rodney, je suis très intelligent.

— Non, je lui réponds, c'est mon père. **Il a perdu**[83] son travail et je ne sais pas comment nous pouvons **rester**[84] chez nous. C'est un désastre.

[82] **sucettes Barnier**: famous French brand of lollipops
[83] **il a perdu**: he lost
[84] **rester**: remain

S'il m'invite à sa maison, tout **sera**[85] parfait !

— Je suis désolé, l'économie est un désastre.

— Non, ce n'est pas l'économie. C'est mon père. Mon père est idiot. Il ouvre toujours des restaurants que personne n'aime. Je ne le comprends pas… je crois que ses hamburgers sont très bons, mais personne ne les aime.

— Les hamburgers ? Attends !

Il me demande : Comment t'appelles-tu ?

Je le regarde **comme s'il était**[86] stupide, parce que la vérité est qu'**il doit savoir**[87] mon nom. Maintenant je ne vais pas être invisible…

---

[85] **sera**: will be
[86] **comme s'il était:** as if he were
[87] **il doit savoir:** he should know

finalement Rodney va me voir. Maintenant **il va me remarquer**[88].

— Je m'appelle Jessica.

— Non ! Il me demande : Ton nom entier... quel est ton nom entier ?

— Jessica Susanne, mais tout le monde m'appelle Jessica.

— Non, il me répond avec impatience, Quel est ton **nom de famille**[89] ? !

— Mon nom de famille ? Superhamburgers. Je suis Jessica Susanne Superhamburgers. Pourquoi ?

— Ton père est monsieur Superhamburgers ?

— Bien sûr. »

---

[88] **il va me remarquer:** he is going to notice me
[89] **nom de famille:** last name

Je vois **la culpabilité**[90] dans les yeux de Rodney. Rodney sait pourquoi personne n'aime les hamburgers de Superhamburgers, mais il ne me dit rien. Il sait qu'il est **coupable**[91]. Il ne se lavait jamais les mains dans la salle de bain et tout le monde vomissait après avoir mangé les hamburgers.

Il croyait[92] que **c'était drôle**[93]. C'était une **blague**[94]. Ce n'était pas important pour Rodney parce qu'il avait seulement besoin de **gagner**[95] mille dollars... mais maintenant ça lui était important. C'est important pour lui parce que je suis sa **partenaire de laboratoire**[96]. C'est important parce qu'il a besoin de moi. Il est nécessaire que je travaille dans la classe de

---

[90] **la culpabilité:** the guilt
[91] **coupable**: guilty
[92] **il croyait:** he thought
[93] **c'était drôle**: it was funny
[94] **une blague:** a joke
[95] **gagner**: to earn
[96] **partenaire de laboratoire:** lab partner

chimie. C'est important parce qu'il ne peut pas **réussir la classe**[97] sans mon aide.

Je couvre mon visage avec les mains **comme si je pleurais**[98]. Je regarde entre mes **doigts**[99] et je vois que Rodney est très inquiet. Bon, maintenant il sait que j'existe. Il ne va jamais **oublier**[100] mon nom. Le projet commence bien.

Rodney ne va jamais oublier mon nom.

---

[97] **réussir la classe**: pass the class
[98] **comme si je pleurais**: as if I were crying
[99] **doigts**: fingers
[100] **oublier**: to forget

payer
doigts
l'emploi
fermé
devoirs
sait
nom
Africains
chimie
examens
obsédés
fils
invisible
masques
patron
aide
père
mille
intelligent

pleure
remarquer
seul
dollars
coupable
argent
notes
collection
travaille
vérité
blague
classe
célébrations
Afrique
désolé
partenaire
parents
perdu

Chapitre trois

Après les cours je cours à la maison. Je pense à mes problèmes. J'ai besoin d'aide pour **comprendre**[101] la **chimie**[102]. Comprendre ? Non, comprendre la chimie est impossible. Il est nécessaire que la fille dans ma classe **fasse les devoirs**[103] de chimie et qu'elle me les explique.

---

[101] **comprendre**: to understand

[102] **chimie**: chemistry

[103] **que la fille... fasse les devoirs**: that the girl... does the homework

Mais si elle… comment s'appelle-t-elle ? Jennifer ? Jasmine ? Jacqueline ?

Ce n'est pas important, parce que si elle ne peut pas rester chez elle avec son père, elle ne va pas faire les devoirs de chimie. Si elle ne fait pas les devoirs, elle ne peut pas m'aider. Alors elle a besoin d'argent. Si elle a besoin d'argent, j'ai besoin d'argent. Maintenant je n'ai pas d'emploi. Comment est-ce que je peux **gagner**[104] de l'argent pour qu'elle **puisse rester**[105] dans sa maison ?

Une voiture de filles me passe rapidement. Les filles **rient**[106] et écoutent la musique. Les filles sont contentes. Je **reconnais**[107] la voiture; c'est la voiture rouge de Fifi Marzo.

---

[104] **gagner**: to earn
[105] **puisse rester**: (so that) she can stay
[106] **rient**: they laugh
[107] **je reconnais:** I recognize

C'est la voiture rouge de Fifi Marzo.

Fifi habite dans une belle maison **en haut d'une colline**[108]. Son père a beaucoup d'argent. J'habite dans l'une des petites maisons **au pied de la colline**[109].

Chaque[110] nuit j'écoute **l'aboiement**[111] du chien de Fifi. Le chien de Fifi est petit mais il a une grande bouche. **Quelquefois**[112] le

[108] **en haut d'une colline**: on top of a hill
[109] **au pied de la colline**: at the foot of the hill
[110] **chaque**: each
[111] **l'aboiement:** the barking
[112] **quelquefois**: sometimes

chien **aboie tellement**[113] que je ne peux pas dormir.

Quand Fifi passe dans sa belle voiture je pense, « **Vole le chien**[114] ».

« Pourquoi pas ? »

Je vais voler le chien et je vais dire au père de Fifi qu'il doit me donner beaucoup d'argent. Je vais voler le chien

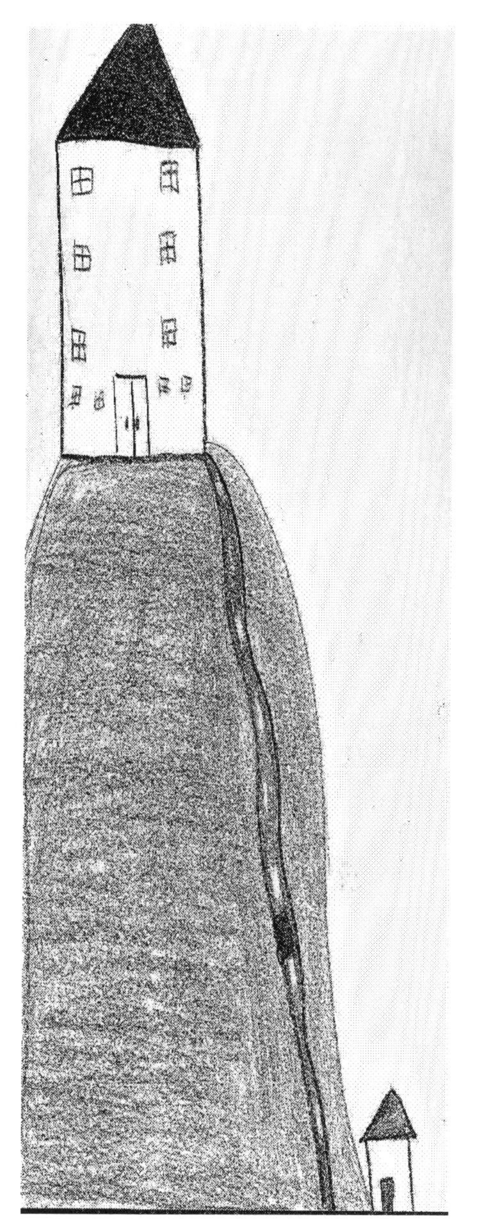

[113] **aboie tellement**: barks so much

[114] **vole le chien**: steal the dog

et je vais '**trouver**[115]' le chien. Après, je vais demander de l'argent.

Je peux dire à son père que je suis investigateur de chiens **perdus**[116]. Le père de Fifi n'a pas besoin **d'autant**[117] d'argent. Je vais voler le chien !

« **Ne t'inquiète pas**[118],» J'écris à Jessica sur Twitter, « J'ai la solution. »

J'attends **jusqu'à onze heures**[119] du soir. Mes parents sont en Afrique et ils achètent des masques, alors je n'ai pas besoin de **me cacher**[120] d'eux.

J'espère que Fifi dort. Je **monte**[121] la colline **vers**[122] la maison de Fifi. J'ai un sac à

---

[115] **trouver**: find
[116] **perdus:** lost
[117] **d'autant:** of that much
[118] **Ne t'inquiète pas**: Don't worry
[119] **jusqu'à onze heures**: until 11pm
[120] **me cacher:** hide myself
[121] **Je monte:** I climb up
[122] **vers**: in the direction of

dos pour y mettre le chien. Quand je monte la colline, j'entends le chien qui **aboie**[123] beaucoup. Quand j'arrive à la maison de Fifi, je vois deux choses. **D'abord**[124], les voitures ne sont pas là. Personne n'est chez elle. Cela va être facile. **Ensuite**[125], la maison est plus grande que ce que je croyais. Le père de Fifi a beaucoup, beaucoup d'argent.

Je vais voler le chien !

---

[123] **aboie**: barks
[124] **d'abord**: first of all
[125] **ensuite**: next

monte
beaucoup
reconnais
argent
dort
onze
voler
fille
cours
chien
Twitter
colline
nuit
investigateur

devoirs
père
voiture
aboie
besoin
rient
masques
rouge
j'écoute
solution
Mexique
chimie
maison

Chapitre quatre

Je suis dans ma chambre **en train d'écrire**[126] des poèmes d'amour. Je suis **énervée**[127] parce que je ne peux pas trouver un mot qui **rime**[128] avec Rodney. Je **reçois**[129] un *tweet* mystérieux de Rodney. « J'ai la solution », a écrit Rodney.

« Quelle solution ? », je me demande. **Je deviens triste**[130] parce que je pense que Rodney peut faire ses devoirs de chimie. Si

---

[126] **en train d'écrire:** in the middle of writing
[127] **énervée**: irritated
[128] **rime**: rhymes
[129] **reçois**: receive
[130] **je deviens triste:** I become sad

Rodney a une solution… il n'a plus besoin de moi ?

Je commence à pleurer[131] parce que je pense que Rodney n'a pas besoin de moi quand **je me souviens**[132] qu'aujourd'hui il n'y a pas de devoirs. Alors, Rodney ne parle pas des devoirs. De quoi parle-t-il ?

Tout à coup[133], **je me rends compte**[134] que Rodney parle du problème de son amour pour moi. Oui, c'est clair, c'est évident ! Le problème c'est l'amour et… maintenant Rodney a la solution ! C'est un garçon intelligent, oui.

Mon père, monsieur Superhamburgers, **frappe**[135] à la porte de ma chambre.

« Bonsoir Jess. Tu es là ?

---

131 **je commence à pleurer**: I start to cry
132 **je me souviens**: I remember
133 **tout à coup**: all of a sudden
134 **je me rends compte**: I realize
135 **frappe**: he knocks

— Je suis occupée papa, je suis en train d'écrire.

Il ouvre la porte.

— Je vais partir au travail.

— Le restaurant ? , je lui demande.

— Non, je vais faire un autre travail.

— La banque ?

— Non.

— Le musée ?

— Non... j'ai un autre travail. Je l'ai trouvé aujourd'hui.

Je le regarde mais je ne dis rien.

— Bon, je m'en vais », il me dit.

Quand il ferme la porte je ne pense plus à mon père. Je pense à une danse moderne que je vais **chorégraphier**[136] pour **exprimer**[137] mon amour pour Rodney.

[136] **chorégraphier**: choreograph, to plan out a dance
[137] **exprimer**: to express

pleurer
tweet
porte
suis
chambre
amour
énervée
chimie
vais
écrire
frappe
devoirs
banque
travail
musée

père
évident
trouver
mystérieux
triste
occupée
solution
aujourd'hui
pense
garçon
problème
poèmes

Chapitre cinq

La porte de la maison de Fifi est **fermée à clé**[138], mais il y a une **fenêtre**[139] ouverte. Je peux entendre le chien qui aboie comme s'il était fou. J'entre dans la maison **obscure**[140] par la fenêtre. Je ne peux rien voir parce qu'il n'y a pas de **lumière**[141], mais immédiatement je sais qu'il y a un problème. Quelqu'un est dans la chambre. **Je me retourne**[142] pour partir mais

---

[138] **fermée à clé**: locked (literally *'closed by key'*)
[139] **fenètre**: window
[140] **obscure**: dark
[141] **lumière**: light
[142] **je me retourne**: I turn around

j'entends la **voix**[143] de monsieur Superhamburgers.

« **Ne bouge pas**[144] ! », dit monsieur Superhamburgers, « ne bouge pas ou **je te tue**[145]. »

143 **voix**: voice
144 **ne bouge pas**: don't move
145 **je te tue**: I kill you

Peu à peu je peux voir dans **l'obscurité**[146] de la maison. Enfin, je peux voir la figure de monsieur Superhamburgers, avec un pistolet à la main.

« Rodney ? il me demande, Qu'est-ce que tu fais ici ?

— Voler, je réponds. Je suis désolé. S'il vous plaît ne téléphonez pas à la police.

— La police ? Ha ha ha, je suis ici pour voler aussi.

Monsieur Superhamburgers lève la main sans le pistolet et je vois qu'il a une **peinture**[147] à la main.

— La peinture est un Van Gogh authentique. Elle vaut un million de dollars. Qu'est-ce que tu veux voler ?

---

[146] **l'obscurité:** the darkness
[147] **peinture**: painting

— Je **pensais**[148] voler le chien pour qu'ils me donnent cinquante dollars. Ou cent, peut-être.

— Cent dollars ? ! Rodney, tu as besoin **d'utiliser**[149] plus ton imagination. Tu peux aller **loin**[150] dans la vie si tu utilises l'imagination, mais tu ne vas **nulle part**[151] si tu n'utilises pas l'imagination.

Tout à coup quelqu'un **allume**[152] la lumière et je vois la figure de Fifi Marzo dans **l'embrasure de la porte**[153].

« Qui êtes-vous ? dit Fifi. Elle a le **visage**[154] d'une fille qui dormait et **a encore sommeil**[155].

---

148 **je pensais**: I was thinking about
149 **d'utiliser**: to use
150 **loin**: far
151 **nulle part**: nowhere
152 **allume**: turns on
153 **l'embrasure de la porte**: the doorway
154 **visage**: face, appearance
155 a **encore sommeil**: is still sleepy

Tu as besoin d'utiliser plus l'imagination

Elle me voit et crie :

— Toi! Tu es le garçon de *Superhamburgers*! J'avais la diarrhée à cause de toi! »

— Je suis désolé Fifi, c'est que... »

Je commence à parler mais j'arrête quand monsieur Superhamburgers **pointe**[156] le pistolet sur Fifi.

---

[156] **pointe**: points

allume
cinquante
fou
diarrhée
pistolet
chien
bouge
clé
aboie
peinture
main
Quelqu'un
maison
police

dollars
lumière
vaut
tue
voler
crie
fenêtre
voir
l'imagination
monsieur
porte

Chapitre six

« L'idée de voler le chien n'était pas mauvaise, mais monsieur Marzo va payer beaucoup **plus**[157] pour sa fille, je dis à Rodney.

J'aimais travailler[158] avec Rodney dans le restaurant mais, s'il veut voler, il a besoin d'un professionnel.

---

157 **plus**: more

158 **j'aimais travailler**: I used to like working

La fille, Fifi, était dans le **coffre**[159] d'une voiture, **attachée**[160] et avec le sac à dos sur sa tête **pour qu'elle ne puisse**[161] rien voir.

— Le problème est qu'**elle te connaît**[162], alors nous ne pouvons pas **la rendre**[163]. Nous devons **la tuer**[164]. **En fait**[165], nous pouvons la rendre morte, mais nous ne pouvons pas la rendre **vivante**[166].

— Nous pouvons l'hypnotiser pour qu'elle oublie tout, suggère Rodney. Il ne veut pas **tuer**[167] quelqu'un.

— Bonne idée, je dis d'un ton sarcastique.

---

159 **coffre**: trunk (of a car)
160 **attachée**: tied up
161 **pour qu'elle ne puisse**: so that she cannot
162 **elle te connaît**: she knows you
163 **la rendre**: return her
164 **la tuer**: kill her
165 **en fait**: actually
166 **vivante**: alive
167 **tuer**: to kill

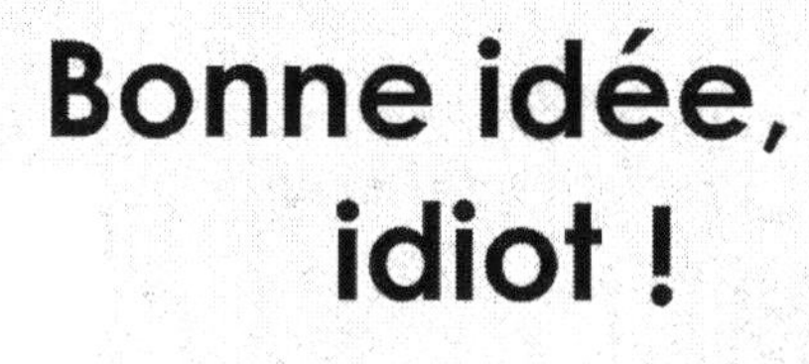
Nous pouvons l'hypnotiser
pour qu'elle oublie tout.
Bonne idée,
idiot !

— Elle **te connaît**[168] idiot ! Tu veux avoir une vie normale ? Tu veux aller à l'université ? Ou préfères-tu aller en prison ? Si elle **rentre**[169] à la maison, elle va parler à la police et tu vas aller en prison. Tu veux vivre en prison avec les **meurtriers**[170] et les autres mauvais gens ? »

---

[168] **Elle te connaît!:** She knows you!

[169] **rentre**: returns

[170] **meurtriers**: killers

Rodney **ne s'attendait pas**[171] à ce qu'un petit crime **devienne**[172] un meurtre. Mais je ne vais pas non plus en prison.

Je dois lui parler maintenant pour qu'**il prenne au sérieux**[173] le travail de voler. Si quelqu'un ne fait pas attention, c'est facile de finir en prison.

« **D'abord**[174], nous avons besoin d'un **lieu**[175] pour **la cacher**[176]. Nous ne pouvons pas la tuer **jusqu'à**[177] ce que nous ayons l'argent. La police va la chercher. Nous avons besoin d'un **lieu**[178] secret. Je pense à ta maison. C'est parfait.

---

[171] **ne s'attendait pas**: did not anticipate
[172] **devienne**: turns into
[173] **il prenne au sérieux**: (so that) he takes seriously
[174] **d'abord**: first of all
[175] **lieu**: a place
[176] **la cacher**: to hide her
[177] **jusqu'à**: until
[178] **lieu**: place

— **Ainsi**[179] commence ma vie criminelle, dit Rodney.

— Non, je réponds, ta vie criminelle a commencé dans le restaurant quand tu **as rendu les gens malades**[180]. Ne pas se laver les mains est un crime **dans l'état**[181] de la Californie. Un crime très **drôle**[182], ha ha ha, » je dis.

Je peux travailler avec Rodney ou je peux le tuer. **Ça m'est égal**[183].

---

179 **ainsi**: in this way
180 **tu as rendu malade aux gens**: you made people sick
181 **dans l'état**: in the state
182 **drôle:** funny
183 **ça m'est égal**: it doesn't matter to me

mauvaise
connaît
restaurant
travailler
chercher
coffre
facile
l'hypnotiser
cacher
tuer
sarcastique
attachée
voler
maison
besoin

l'université
Californie
rendre
police
lieu
L'idée
aller
fille
drôle
prison
vivante
chien
criminelle
crime
oublie
tête
prof

Chapitre sept

Quand nous entrons chez moi je sais **déjà**[184] que je ne vais pas tuer Fifi. Je ne peux pas. J'ai besoin de trouver **un autre moyen**[185].

« Qu'est-ce que c'est ? dit monsieur Superhamburgers quand nous entrons dans la maison. Il regarde la collection de **masques**[186] africains.

---

184 **déjà**: already
185 **un autre moyen**: another way
186 **masques**: masks

— Mes parents collectionnent les masques. Il y en a de très vieux, je dis sans penser. Attention, voler est une chose, mais tuer est une autre chose. Je crois que nous n'avons pas besoin de tuer la fille.

Superhamburgers me regarde **comme si j'étais**[187] stupide.

— **Cache**[188] la fille dans **le sous-sol**[189], » dit Superhamburgers, et **nous en parlerons**[190] après ».

J'emmène[191] Fifi au sous-sol, je descends les escaliers et je ferme la porte **pour que**[192] monsieur Superhamburgers **ne puisse rien**

---

[187] **comme si j'étais**: as if I were
[188] **cache**: hide
[189] **le sous-sol**: the basement
[190] **nous en parlerons**: we will talk about it
[191] **j'emmène**: I take
[192] **pour que**: so that

entendre[193]. **J'enlève**[194] le sac à dos de la tête de Fifi et la regarde dans les yeux.

« Fifi, je dis, je veux t'aider. Monsieur Superhamburgers est un homme très dangereux. Il veut te tuer. Tu as besoin de **t'échapper**[195]. Tu as besoin d'aller à la police. Si monsieur Superhamburgers sait que je t'aide, je crois qu'il va nous tuer tous les deux.

J'ouvre une petite fenêtre dans **la partie plus haute du mur**[196]. Je mets une **boîte sous**[197] la fenêtre.

— Vas-y, je lui dis. **Échappe-toi**[198] et téléphone à la police, s'il te plaît.

---

[193] **ne puisse rien entendre**: he cannot hear anything
[194] **j'enlève**: I remove
[195] **t'échapper**: to escape
[196] **la partie plus haute du mur**: the highest part of the wall
[197] **boîte sous**: box under
[198] **échappe-toi**: escape

Fifi, je veux t'aider.
Monsieur Superhamburgers est un homme très dangereux.
Vas-y !
Échappe-toi !
Non, *je ne vais pas.*

— Non, Fifi me dit. Je ne m'en vais pas. J'ai déjà téléphoné à mon papa et il va arriver dans un instant. »

Je suis surpris. Est-ce qu'elle ne comprend pas que monsieur Superhamburgers peut tuer son papa aussi ?

Fifi **fait sortir**[199] son mobile d'une **poche**[200] secrète dans sa **veste**[201] et elle prend une photo de moi.

« Mais, Superhamburgers va tuer ton papa aussi ! Tu dois t'échapper !

— Tu ne connais pas mon père. Mon père est un **trafiquant de drogues**[202]. Tout le

---

199 **fait sortir**: takes out
200 **poche**: pocket
201 **veste**: jacket
202 **trafiquant de drogues**: drug trafficker

monde **a peur**[203] de lui. Tu es mort, **enfant sale**[204].

— Mais Fifi, je t'aide, je pleure.

— **Meurs**[205] ! crie Fifi. »

Je monte les **escaliers**[206] rapidement et j'ouvre la porte. Je cours à la **salle de séjour**[207],

[203] **a peur**: is afraid
[204] **enfant sale**: dirty child
[205] **meurs!**: die!
[206] **escaliers**: stairs
[207] **salle de séjour**: living room

mais monsieur Superhamburgers n'est pas là. Je regarde dans la cuisine, et après dans la salle de bains, mais monsieur Superhamburgers n'est pas là. Quand je rentre dans la **salle de séjour**[208] je vois que les masques africains ne sont pas là non plus. Je suis en **colère**[209] parce que monsieur Superhamburgers a volé les masques, mais la colère **ne dure pas longtemps**[210]. Quelqu'un ouvre la porte de la maison et je vois trois grands hommes avec des pistolets.

Derrière moi[211] la porte du sous-sol s'ouvre, et j'entends la **voix**[212] de Fifi.

« C'est lui, dit Fifi, Il **m'a rendu malade**[213] de diarrhée parce qu'il ne se lave

---

[208] **salle de séjour**: livingroom
[209] **colère**: angry
[210] **ne dure pas longtemps**: does not lastlong
[211] **derrière moi**: behind me
[212] **voix**: voice
[213] **il m'a rendu malade**: he made me sick

jamais les mains. Bobby ne veut pas être mon petit ami parce que j'avais la diarrhée. C'est un garçon terrible. C'est un garçon horrible. C'est un garçon **dégoûtant**[214]. **Tue-le**[215] ! »

---

[214] **dégoûtant**: disgusting
[215] **Tue-le**: kill him

aide
cache
poche
ouvre
porte
sous-sol
derrière
escaliers
horrible
crie
après
boîte
colère
téléphone
veste
fenêtre
Africains

trafiquant
dégoûtant
papa
vois
diarrhée
tuer
hommes
échapper
cours
masques
regarde
pistolets
dangereux

Je finis tous les devoirs **pour l'année entière**[216] quand mon papa rentre chez nous avec une collection de masques africains et **une vieille peinture**[217]. Je sais que les masques sont ceux des parents de Rodney parce que **je les ai souvent vus**[218] quand je montais l'arbre pour regarder la maison de Rodney.

---

[216] **pour l'année entière**: for the entire year
[217] **une vieille peinture**: an old painting
[218] **je les ai vus souvent**: I have seen them often

« Papa, je dis, **tu m'as promis**[219] que tu n'allais jamais voler de mes amis. Rodney est mon ami. Tu **dois rendre**[220] les masques.

— Je ne peux pas, pleure monsieur Superhamburgers, JE NE PEUX PAS ! Tout... va mal. Est-ce que Fifi Marzo est ton amie aussi ? »

Tu m'as promis que tu n'allais jamais voler de mes amis.

— Fifi Marzo ? Non, elle est la fille d'un **narcotrafiquant**[221]. Elle n'est pas mon amie.

---

[219] **tu m'as promis**: you promised me
[220] **tu dois rendre**: you must return
[221] **narcotrafiquant**: drug trafficker

— Un narcotrafiquant ?! Pourquoi tu ne me l'as pas dit ? Ton ami Rodney est mort, et **nous allons être tués aussi**[222] si nous ne nous échappons pas tout de suite. »

Mon père m'explique tout. Il **volait**[223] la collection de masques quand il a vu les hommes avec les pistolets par la fenêtre. Il a eu le temps de se cacher dans un **placard**[224] et il a tout entendu.

« Allons-y, crie mon père, **s'ils nous attrapent**[225], nous serons morts. Nous avons besoin de partir.

— Non, nous n'allons pas courir, je lui dis.

---

[222] **nous allons être tués aussi**: we will be killed too
[223] **il volait**: he was stealing
[224] **placard**: closet
[225] **s'ils nous attrapent**: if they catch us

Je sais que si nous courons, je **ne pourrai pas sauver**[226] Rodney.

Je dis à mon père :

— Si nous courons, nous **devrons courir**[227] pendant toute notre vie. Maintenant nous savons où ils vont être... ils vont être ici. Nous pouvons nous préparer. Nous **aurons l'avantage**[228], si nous nous organisons. Nous restons ici. »

Je cherche **ma trousse de chimie**[229]. J'ai une idée. Je vais sauver Rodney, l'amour de ma vie... et Rodney va enfin **tomber amoureux de moi**[230].

---

[226] **je ne pourrai sauver**: I would not be able to save
[227] **devrons courir**: we will have to run
[228] **nous aurons l'avantage**: we will have the advantage
[229] **ma trousse de chimie**: my chemistry kit
[230] **tomber amoureux de moi**: fall in love with me

promis
sauver
fenêtre
cacher
enfin
chimie
trousse
masques
papa restons
amoureux
narcotrafiquant
vie l'arbre

devoirs
courir
collection
cherche
dit rentre
l'avantage
préparer
tomber
père
idée
vieille
pleure
peinture

Chapitre neuf

Il est deux **heures du matin**[231]. Je suis sur **la terrasse**[232] derrière la maison de Fifi, **à côté de**[233] la piscine. On peut voir toute la ville et, **à la pleine lune**[234], il y a beaucoup de lumière. Toute la ville dort. Je peux voir ma maison, **là-bas en bas**[235].

---

[231] **deux petites heures du matin:** 2am
[232] **la terrasse:** the patio
[233] **à côté de:** beside
[234] **à la pleine lune:** by the light of the full moon
[235] **là-bas en bas:** there down below

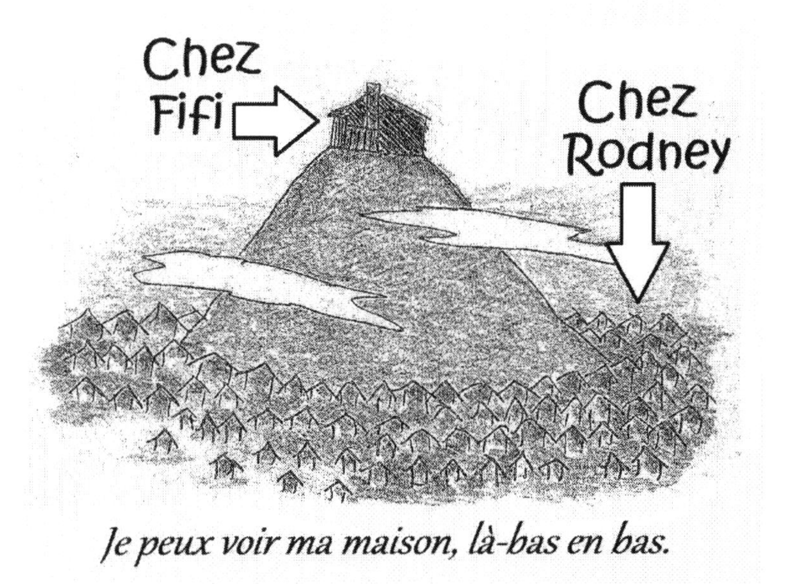

Je peux voir ma maison, là-bas en bas.

Le père de Fifi rentre avec deux **verres**[236] de limonade. Il me donne un verre et il s'assoit avec l'autre verre.

« Je regrette que ma fille puisse être tellement **sauvage**[237]. Elle devrait mieux parler.

Fifi est **fâchée**[238].

---

236 **verres**: glasses
237 **sauvage**: savage, uncivilized
238 **fâchée**: angry

— Tu veux un biscuit ? , me demande son père.

— Non vous allez me tuer ? , je demande.

— *Je ne dois pas te tuer.* Nous sommes des gens civilisés. Tu as quelque chose qui **m'appartient**[239], tu vas me la rendre, dit son père.

— Mais… les hommes avec les pistolets…

Je fais un geste aux trois grands hommes avec les pistolets.

— Regarde, je veux seulement une chose. Je veux la peinture. Je ne veux tuer personne. Tu regardes **trop de**[240] films.

— Alors… je peux partir ?

---

[239] m'appartient: belongs to me

[240] trop de: too many

Le monsieur me regarde **comme si j'étais**[241] idiot.

— Donne-moi la peinture et il n'y a pas de problèmes. Mais mes amis... ils ne sont pas **tellement civilisés**[242]. Alors, il me demande, où est la peinture ? »

[241] comme si j'étais: as if I were
[242] tellement civilisés: as civilized

grands
quelque
beaucoup
lune Donne-moi
civilisés
idiote
j'étais
tuer
rentre
regardez
geste
père
côté
monsieur
peinture
veux
limonade
Fifi
bas
derrière
toute
aux
pistolets
sauvage
Toute
peux
dit
pleine
sommes
dois

mieux
lumière
l'autre
regrette
rendre
deux
dort
maison
matin
demande
problèmes
fâchée
petites
ville
fille
biscuit
Ella
vas
heures
films
verre
terrasse
trois
chose
partir
voir
là-bas
hommes
s'assoit
parler
regarde
gens
piscine
amis
verres
fais

Chapitre dix

Je travaille rapidement pour finir le **piège**[243]. Avec les matériaux de la classe de chimie j'ai fait un **gaz somnifère**[244]. Le gaz est dans une **bouteille**[245]. Je mets la bouteille sur le sofa et je mets la peinture au-dessus de la bouteille.

---

[243] piège: trap
[244] gaz somnifère: sleeping gas
[245] bouteille: bottle

« Quand ils **déplaceront**[246] la peinture, je dis à mon père, le gaz somnifère va sortir de la bouteille. Tout le monde dans la salle de séjour va dormir, parce que le gaz somnifère est très fort.

— Et nous ? , il me demande.

— Nous n'allons pas être dans la maison, je réponds, nous allons nous cacher derrière les arbres. »

Mais je ne savais pas que le père de Fifi, ses grands amis avec les pistolets et Rodney étaient déjà derrière les arbres et me regardaient par la fenêtre ouverte. Ils ont tout vu. Ils ont tout écouté. Ils savaient tout. Quand nous sortirons de la maison, ils nous attendraient.

246 déplacent: they move

« Rentre à la maison, me dit un des hommes avec un pistolet. Il me dit : Et fais bouger la peinture. »

Je regarde Rodney, qui est derrière l'arbre. Je pense que c'est la **dernière fois**[247] que **nous nous verrons**[248].

« Rodney ! Je crie, je t'adore. Je t'aime ! Je veux **que tu sois**[249] mon petit ami.

Rodney ne me regarde pas.

— Je le sais, dit Rodney, **j'ai toujours su**[250] que tu m'aimais. Je regrette, je ne t'aime pas. Je veux seulement que tu fasses mes devoirs.

— Mais Rodney... », je pleure.

---

[247] dernière fois : last time

[248] nous nous verrons : we will see each other

[249] que tu sois : that you be

[250] j'ai toujours su : I have always known

Nous n'allons pas être dans la maison.
Je t'aime !
Je t'aime !
Je t'aime !
Je t'aime !
Je t'aime !
Je t'aime !
Je t'aime !
Je t'aime !
Je t'aime !
Je t'aime !
Je t'aime !
Je le sais

Mon père **fait bouger**[251] la peinture et **je m'endors**[252] immédiatement. Quand **je me réveille**[253] je suis dans mon **lit**[254]. Il n'y a pas de grands hommes avec des pistolets. Rodney n'est pas là. Il n'y a pas de peinture. Il n'y a pas de masques africains. Il n'y a rien.

Il est sept heures du matin.

« Jess, mon papa me dit, lève-toi !

— Papa, qu'est-ce qui s'est passé ?

Mon papa a des grands **bleus**[255].

— **Il faut l'oublier**[256], il me dit.

Je lui demande :

— Mais, qu'est-ce que nous allons faire ?

---

[251] fait bouger: he moves
[252] je m'endors: I fall asleep
[253] je me réveille: I wake up
[254] lit: bed
[255] bleus: bruises
[256] il faut l'oublier: you have to forget about it

— Je cherche un nouvel emploi, et tu vas au **lycée**[257]. Oublie ce qui s'est passé.

— Mais Rodney... qu'est-ce qui s'est passé avec Rodney ?

Mon papa me regarde avec les yeux tristes.

— Sérieusement, oublie tout. »

Je cherche dans mon sac à dos et je vois que le **cahier**[258] de la classe de chimie n'est pas là. Les devoirs pour la classe de chimie ne sont pas là non plus. Rodney n'a plus besoin de moi.

Tout est **perdu**[259].

---

[257] lycée: high school
[258] cahier: notebook
[259] perdu: lost

pense
matériaux
savaient
demande
pistolets
perdu
finir
regardent
sept
emploi
travaille
oublie
regrette
sortirons
t'aime
dit
bouger
lit
bouteille
l'arbre
gaz
cacher
regarde
t'adore
masques
maison
ouverte
lycée

nouvel
devoirs
allons
fort
chimie
tristes
rapidement
peinture
somnifère
fenêtre
salle
piège
dormir
lève-toi
Africains
déplacent
derrière
réveille
cahier
écouté
bleus
classe
cherche
hommes
sofa

aboiement: barking
aboie: barks
acheter: to buy, *achètent* they buy
adulte: adult
afin que: so that
africains: African
Afrique: Africa
aide: help
aime: *je t'aime* I love you, *n'aiment pas* they don't like, *personne n'aime* nobody likes
ainsi: in this way
ait: *pour que Rodney ait l'emploi* so that Rodney got the job
aller: to go, *ils sont allés* they went, *tu n'allais jamais* you were never going to
allume: turns on
alors: Well, so then (expressing surprise)
amie: friend
amour: love
année: year
appelles: *Comment t'appelles-tu?* What is your name?
apportent: *qui m'apportent* that belongs to me
après: after
arbre: tree
argent: money
arrêter: to stop
as: *tu as* you have
assoit: *il s'assoit* he sits down
attachée: tied up
attend: waits, *attendez* wait! *ne s'attendait pas* did not anticipate
au revoir: goodbye
aujord'hui: today
aussi: also
autant: that much
authentique: authentic
autres: others, *un autre moyen* another way
avais: *j'avais* I had,
avait: *il avait seulement besoin de* he only needed
avant: before, *avant de manger* before eating, *avant de sortir* before leaving
avec: with
avoir: to have
avons: *nous avons* we have
ayons: *nous ayons l'argent* we have the money

banque: bank, *à la banque* in the bank
barbant: boring
bas: *là-bas en bas* there down below
beaucoup: many
bébé: baby
belle: beautiful

besoin: *elle a besoin de* she needs to *j'ai besoin de* I need to
bête: foolish *me rend bête* makes me foolish
bien: well, *bien sûr* of course, *pas bien* not well
bienvenue: welcome
biscuit: cookie
bisous: kisses
blague: joke
bleus: bruises
boîte: box
bon, bonne: good
bouche: mouth
bouge: moves, *ne bouge pas* don't move
bouteille: bottle

cabinet des toilettes: bathroom stall
ça: that, *ça m'est égal* that does not matter to me, *à cause de ça* for that reason, *ça ne lui fait rien* it does not mean a thing
cacher: to hide
cahier: notebook
carte: letter *une carte d'amour* a love letter
cause: *à cause de ça* for that reason
cela: this, *cela va être facile* this is going to be easy
cent: one hundred
centimes: cents
c'est: it is
cet: this
c'etait: it was
chambre: bedroom
chapitre: chapter
chaque: each
chercher: to look for
chez: at home *chez nous* at our home
chien: dog
chimie: chemistry
chorégraphier: choreograph
chose: thing, *quelque chose* anything
cinquante: fifty
civilisés: civilized
clair: clear, obvious
classe: class, *la classe de chimie* chemistry class
cocas: Coca-colas
coffre: trunk (of a car)
colère: angry
collectionnent: they collect
colline: hill
combien: how much
comme: like, *comme ça* like that, *comme s'il était* as if he were
commencer: to start, *a commencé* started
comment: how

comprends: *je ne les comprends pas* I don't understand them
compte: *je me rends compte* I realize
connaît: knows, *tu ne connais pas* you don't know
contentes: happy
côté: *à côté de* next to
coupable: guilty
courir: to run, *si nous courons* if we run
court: she runs, *je cours* I run
couvre: *je couvre mon visage* I cover my face
crier: to scream
criminelle: criminal
croit: believes, *je crois* I believe, *il croyait* he believed, *je croyais* I believed
cuisine: kitchen
culpabilité: guilt

dans: in
danse: dance
d'abord: first of all
d'AP : AP level course, a university level course taught in some US high schools
dangereux: dangerous
décident: they decide
dégoûtant: disgusting
dégoûtes: *tu me dégoûtes* you disgust me
déjà: already
demande: asks, *je me demande* I wonder
démarre: he starts (a car)
dépensent: they spend (money)
déplacent: they move
dernière: last
derrière: behind
désastre: disaster
descends: descend, go down
désolé: *je suis désolé* I am sorry
deux: two
devienne: turns into, becomes
deviens: *je deviens triste* I become sad
devoirs: homework
devons: *nous devons* we must
diarrhée: diarrhea
difficile: difficult
dire: to say, *je vais lui dire* I am going to say to him
dis: *je dis* I say, *disent* they say
dit: says
doit: must, *il ne doit pas travailler* he does not have to work, *je dois* I must
donner: to give, *je leur donne* I give them, *je te donnerai* I will give you
dormir: to sleep, *dormait* was sleeping
dort: sleeps
drôle: funny
dure: *ne dure pas* does not last

échapper: escape
économie: (the) economy
écoutent: they listen
écrire: *en train d'écrire* in the middle of writing
écris: *J'écris* I write
écrit: *lui a écrit* wrote to him, *écrite* written
égal: *ça m'est égal* that does not matter to me
elle: she
embrasure de la porte: doorway
emmène: *j'emmène* I take
emploi: job
employé: employee
en: some of it; *en pensant à* thinking about; *n'en sait rien* he doesn't know anything about that, *en haut d'une colline* on top of a hill, *en train d'écrire* in the middle of writing, *en fait* actually
encore a sommeil: is still sleepy
encore une fois: another time
endors: *je m'endors* I fall asleep
endroit: place
énervée: irritated, annoyed
enfant: child
enlève: *j'enlève* I remove
enseigner: to teach
ensuite: next
entendre: hear, *j'entends* I hear
entendu: heard
entier: entire
entre: between; *j'entre* I enter
entrent: they enter
es: you are
escaliers: stairs
espère: *j'espère* I hope
est: is, *n'est pas* is not
et: and
était: was *comme s'il était* as if he were
état: state
être: to be
étudiante: student
eux: *cacher d'eux* to hide from them
examens: exams
exemple: *par exemple* for example
existe: *j'existe* I exist
expliquer: to explain
exprimir: to express

fâchés: angry
faiblement: weakly
faire: to do, *pour faire* for doing
fais: *je fais* I do, *je fais semblant de* I pretend to
fait: *en fait* actually, *fait sortir* takes out
famille: family, *nom de famille* last name
fasse: *que elle fasse les devoirs* that she does the homework
faut: *il faut* one must

fenêtre: window
ferais: *je ferais n'importe quoi* I would do anything
fermer: to close, *est fermé* is closed, *fermée à clé* locked
fille: girl
fils: son
finalement: finally
finir: *se finir* to end up
fleur: flower
fois: time, *deux fois* two times, *encore une fois* another time, *la dernière fois* the last time
folle d'amour: crazy in love
font: they do
forêt: forest
fort: strong
fou: crazy
frappe: knocks
frites: french fries
froids: cold

gagner: to earn
garçon: boy
gaz somnifère: sleeping gas
gens: people
geste: gesture
grande: great
gros: big

habite: lives
haut: *en haut d'une colline* on top of a hill
heure: hour, *à onze heures* at eleven o'clock
histoire: history
hommes: men
hypnotiser: hypnotize

ici: here
idée: idea
il n'y a pas: there is not
ils: they
il y a: there are
immédiatement: immediately
importantes: important
intelligente: intelligent
intéresse: *il m'intéresse* he interests me
intéressants: interesting
investigateur: detective
inquiet: worried
inquiète: *ne t'inquiète pas* don't worry

j'ai besoin de: I need
j'appelle : I call
jamais: never
je: I
j'espère: I hope
jour: day
juge: *ne me juge pas* don't judge me
jusqu'à: until

la: the
là: there

laboratoire: *partenaire de laboratoire* lab partner
laisse-moi tranquille: leave me alone!
laver: to wash, *je ne me lave pas les mains* I don't wash my hands, *tu t'es lavée les mains* did you wash your hands?
leçon: lesson
les: the, at them
leur: their, to them *tout leur argent* all of their money
lève: raises, *lève-toi* get up
licorne: unicorn
lieu: place, *au lieu de* instead of
lit: bed
loin: far
longtemps: a long time
lui: to him
lumière: light
lune: *pleine lune* full moon
lycée: high school

ma: my
magasin: store
mains: hands, *à la main* in his hand
maintenant: now
mais: but
maison: house
malade: *a rendu malade* made sick
manger: to eat
masques: masks
matin: morning
mauvais: bad
mes: my
mettre: to put, *je mets* I put
meurs: Die!
meurtriers: murderers
Mexique: Mexico
mieux: better
mille: a thousand
moi: me
mon: my
monsieur: mister
monte: climb up
morte: dead
mot: word
moyen: *un autre moyen* another way
mur: wall
musée: museum
mystérieux: mysterious

ne: not, *n'est pas* is not
nettoie: he cleans
n'importe: it does not matter
nom: name
non plus: neither
normale: normal
normalement: normally
notes: grades
notre: our
nourriture: food
nous: we, us
nuit: night
nulle part: nowhere

numéro: number

obscure: dark
obscurité: darkness
obsédés: obsessed
obtenir: get
occupée: busy
ont: they have, *ils n'ont pas* they don't have, *ils ont trouvé* they found
organisons: *si nous nous organisons* if we organize ourselves
ou: or
où: where
oublier: to forget
ouverte: opened
ouvre: opens
onze: eleven

paient: they pay
pâle: pale
papa: dad
papier: paper
par: by, *par mes doigts* through my fingers
parce que: because
par exemple: for example
parfait: perfect
parler: to speak, *j'ai parlé* I spoke
part: leaves, *je veux qu'ils partent* I want them to leave
partie: *la partie* the part
partir: to leave
partenaire de laboratoire: lab partner
pas: not, *pas bien* not well
passe: passes, *ce qui se passe* what is happening
passent: they spend (time)
patron: boss
payer: to pay for
peinture: painting
pendant: for, during
pense: *je pense* I think, *je sais à quoi il pense* I know what he is thinking, *je pensais* I was thinking
perds: *je perds* I lose
perdu: lost
père: father
personne: nobody
petit: small
petit ami: boyfriend
petite amie: girlfriend
peu à peu: little by little
peur: *a peur* is afraid
peut: can, *je peux* I can
peut-être: maybe
piscine: pool
pied: foot, *au pied de* at the foot of
piège: trap
pistolet: gun
placard: closet
pleine lune: full moon
pleurer: to cry, *je pleure* I cry

plus: more, *je n'ai plus besoin* I no longer need ; *plus tard* later
poche: pocket
poèmes: poems
porte: door
pour: for, by, *pour lui* for him, *pour partir* in order to leave, *pour payer* to pay for, *pour que* so that, *pour toujours* forever
pourquoi: why
pouvons: *nous pouvons* we can
prendre: to take
prenne au sérieux: he takes seriously
presque: almost
problème: problem
prof: teacher
projet: plan
promis: promised
propriétaire: owner
propres: clean
puisse: *pour qu'elle puisse rester* so that she can remain, *que je ne puisse pas* that I cannot

quand: when
que: that
quel, quelle: what, which *Quel idiot!* What an idiot!
quelquefois: sometimes
quelques: a few
quelqu'un: somebody
qui: who
quoi: *je sais à quoi il pense* I know what he is thinking

raisonnable: sensible, level-headed
rapidement: rapidly
reçois: *je reçois* I receive
reconnais: recognize
redescend: she gets out (of a car)
regarde: looks at, *je les regarde surpris* I look at them surprised
regrette: *je regrette* I am sorry
remarquer : *il va me remarquer* he is going to notice me
rencontré: *j'ai rencontré* I met
rend: *me **rend** bête* makes me foolish, *je me rends compte* I realize
rendre: to return
rendu: *lui a **rendu*** returned to him, *a rendu malade* made sick
rentre: returns
réponds: *je lui réponds* I answer him
restaurant: restaurant
rester: to remain, *nous restons ici* we are staying here
retourne: *je me retourne* I turn around

réussir: *réussir la classe* to pass the class
réveille: *je me réveille* I wake
rêves: dreams
revient: he returns, *pour qu'ils ne reviennent* so that they don't return
rien: nothing, *n'en sait rien* he doesn't know anything about that
rient: they laugh
rime: rhyme
rouge: red

sa: his
sachent: *je veux qu'ils sachent* I want them to know
sac à dos: backpack
sais: *je sais* I know
sait: knows, *n'en sait rien* he doesn't know anything about that
salade: salad
sale: dirty
salle de bain: bathroom
salle de séjour: living room
sans: without, *sans dire* without saying, *sans sourire* without smiling, *sans en penser* without thinking about it
s'assoit: he sits down
sauvage: savage, uncivilized
sauver: to save
savent: *ils ne savent pas* they don't know
savoir: to know
savons: *nous savons* we know
secret, secrète: secret
semaines: weeks
semblant: *je fais semblant de* I pretend to
sent: feels
sera: it will be
serai : *quand je serai morte* when I am dead
sérieux: *il prenne au sérieux* he takes seriously
serons: *nous serons morts* we will be dead
ses: his
seul: alone, *le seul* the only one
seulement: only
si: if
soir: night
sois: *je veux que tu* ***sois*** I want you to be
sommes: *nous sommes* we are
somnifère: *gaz somnifère* sleeping gas
son: his
sont: they are; *ils sont allés* they went
sors: *je sors* I leave
sort : *elle sort* she leaves
sortir: to leave, *fait sortir* takes out

sourit: smiles, *je ne souris pas* I do not smile
sourire: smile, *sans sourire* without smiling
sous: under, *sous-sol* basement
souvent: often
souviens: *je me souviens* I remember
spéciale: special
su: known
sucettes: lollipops
suggère: suggests
suis: *je suis* I am
suit: takes (classes)
suite: *tout de suite* right away
Superhamburgers : the name of a restaurant and the last name of two characters
sur: on
sûr: *bien sûr* of course

t'aime: *je t'aime* I love you
tard: *plus tard* later
te: to you
tellement: so much
temps: time
terrasse: patio
tête: head
toilettes: bathroom
tomber amoureux: to fall in love
ton: your, *d'un ton sarcastique* in a sarcastic manner
toujours: always, *pour toujours* forever; still, *il a toujours besoin* he still needs
tout, toute, tous: all, *tout le monde* everyone, *tout à coup* all of a sudden, *tout de suite* right away
trafiquant de drogues: drug trafficker
train: *en train d'écrire* in the middle of writing
travailler: to work, *je travaille* I work, *travaillait* he used to work, *son travail* his job
très: very
triste: sad, *je deviens triste* I become sad
trois: three
trop de: too many
trousse de chimie: chemistry kit
trouver: to find, *ils ont trouvé* they found, *je l'ai trouvé* I found it
tu: you
tue: *je te tue* I'll kill you
un, une: a, an
utiliser: to use, *utilisent* they use

va: goes, is going
vais: *je vais* I go, I am going
vaut: is worth
vérité: truth
verres: glasses

verrions: *que nous nous verrions* that we see each other
vers: towards
veste: jacket
veut: wants
veux: *je veux* I want
vide: empty
vie: life
vieille: old
vient: comes, *si personne ne vient* if nobody comes
vieux: old
ville: city
visage: *je couvre mon visage* I cover my face
vise: points
vivante: alive
vivre: to live
voici: here is
voir: to see, *je vois* I see, *me voit* he sees me
voiture: car
voix: voice
vole: steal, *a volé* has stolen, *volait* was stealing
vomissent: they vomit
vont: *ils vont* they go
vrai: true
vraiment: truly, really
vus: *je les ai vus* I saw them, *il a vu* he saw

yeux: eyes

zéro: zero

Join our Facebook group for free teacher-made resources, discussion and collaboration to help teach this novel in class. Search for "Superhamburgers: Support group for teaching the French novel"

Soon to be translated into FRENCH from My Generation of Polyglots:

Normal Hamburgers: the graphic novel prequel to Superhamburgers written for level 1 students (and enjoyed in levels 2, 3 and 4!) available December 2017

Superhamburger & Superhamburger Detective Agency: the sequel to Superhamburgers with an incredible twist on the reading experience that will leave your students begging for more reading time! Available Spring 2018

Subscribe to the blog for updates: *https://mrpeto.wordpress.com/* or do a google search for **My Generation of Polyglots**

Made in the USA
Columbia, SC
09 June 2020

10449058R00063